Déb

Les Ours

MW01678740

Emma Helbrough
Maquette : Michelle Lawrence
et Josephine Thompson

Illustrations : Tetsuo Kushii et Adam Larkum
Expert-conseil : Lynn Rogers, du Wildlife Research Institute

Pour l'édition française :
Traduction : Nathalie M.-C. Laverroux
Rédaction : Renée Chaspoul et Anna Sánchez

Sommaire

Les ours bruns

Les ours sont de grands animaux à fourrure. Ils ont une tête arrondie, des petits yeux et oreilles.

Ces ours-là sont des ours bruns.

Les oursons

Les bébés ours s'appellent des oursons. Ils naissent pendant l'hiver dans de petites grottes ou dans des arbres creux.

Ils boivent le lait très nourrissant de leur mère.

Les mamans ourses rassurent leurs oursons quand ils ont peur.

Elles lèchent les oursons pour qu'ils soient bien propres.

Les oursons passent beaucoup de temps dans leur tanière, à dormir et à têter leur mère.

Une tanière de neige

Les oursons polaires naissent aussi en hiver.

La mère creuse une tanière dans la neige.

Elle se glisse dedans et attend la naissance des oursons.

Les oursons naissent à l'intérieur de la tanière de neige.

Il fait très chaud dans la tanière de neige, et les oursons polaires doivent s'habituer lentement au froid de l'extérieur.

Ils ont une fourrure très blanche, qui devient crème quand ils sont adultes.

Grandir

Au printemps, les oursons quittent la tanière avec leur mère.

Les oursons passent leur temps en exploration, sans s'éloigner de leur mère.

Les oursons bruns quittent leur mère quand ils ont environ trois ans.

Les mamans ourses ont un ou deux oursons, mais parfois elles en ont trois à la fois.

Il faut marcher longtemps pour trouver à manger.

Parfois, un ourson est fatigué et ne peut plus marcher.

Alors, la mère porte l'ourson dans sa gueule.

La fourrure

Tous les ours ont une épaisse fourrure.

Les ours polaires vivent dans des régions glaciales. Ils ont une fourrure épaisse, qui leur tient chaud.

Quand il a trop chaud, l'ours polaire se frotte dans la neige.

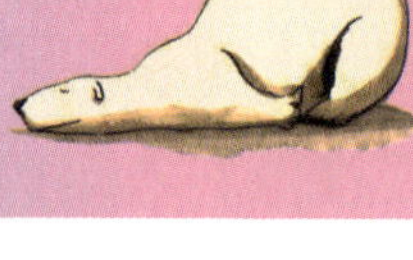

Les ours à lunettes ont de la fourrure blanche en forme de lunettes autour des yeux.

Les ours lippus ont de très longs poils. Les oursons voyagent sur le dos de leur mère.

Ils s'accrochent à ses poils avec leurs pattes avant.

Ils grimpent sur son dos et s'agrippent à sa fourrure.

Pattes et griffes

Les pieds et les mains des ours s'appellent des pattes. Ils ont cinq longues griffes à chaque patte.

Les ours retournent les pierres pour y trouver des insectes à manger.

Certains ours utilisent leurs griffes pour nettoyer et peigner leur fourrure.

Avec ses griffes, l'ours brun arrache les racines du sol pour les manger.

Grâce aux coussins sous ses pattes, l'ours polaire ne glisse pas sur la glace.

Les pattes des pandas ont un doigt de plus. Ils s'en servent pour tenir les bambous qu'ils mangent.

Les repas

La plupart des ours ont une nourriture variée : plantes, fruits, noisettes, insectes.

Les ours bruns vivent dans les prairies, où ils trouvent beaucoup de plantes vertes à manger.

L'ours des cocotiers fait tomber un nid d'abeilles de l'arbre.

Il se sert de ses longues griffes pour déchirer le nid d'abeilles.

Ensuite, il lèche le miel à l'intérieur avec sa grande langue.

Les ours aimant les aliments sucrés, ils ont souvent les dents abîmées.

Certains ours mangent des milliers de chenilles par jour.

D'habiles chasseurs

Les ours qui mangent de la viande doivent chasser leurs proies.

Les ours bruns se jettent sur les petits animaux, comme les écureuils ou les souris. Ils vont aussi dans l'eau pour trouver leur nourriture.

L'ours polaire chasse les bébés phoques, qui vivent dans des tunnels de glace.

Avec ses pattes avant, il casse la glace pour attraper les phoques.

L'ours polaire chasse aussi des phoques adultes.

Il attend près d'un trou dans la glace.

Un phoque sort du trou pour respirer.

L'ours le saisit et le sort de l'eau.

À la pêche

Les ours qui vivent près des rivières vont à la pêche. Ils attrapent d'énormes saumons pour les manger.

Au sommet des cascades, les ours bruns attendent que les poissons sautent hors de l'eau.

Quand les poissons sautent, les ours essaient de les saisir entre leurs dents.

Quand un ours a attrapé un poisson, il l'emporte au bord de la rivière pour le manger.

Les ours bruns pêchent en général quinze saumons par jour.

Dans les arbres

Souvent, les ours vivent en forêt, où ils grimpent aux arbres.

L'ourson plante ses griffes dans le tronc d'arbre.

Il agrippe le tronc avec ses pattes arrière.

Puis il se hisse à l'aide de ses pattes avant.

Les ours dorment souvent dans les arbres. Au-dessus du sol, ils se sentent plus en sécurité.

Les oursons grimpent aux arbres quand ils ont peur.

Les pandas joignent des branches et dorment dessus en plein soleil.

Debout

Les ours se mettent debout sur leurs pattes arrière. Ils restent en équilibre grâce à leurs pattes avant.

Certains ours se mettent debout pour manger des fruits dans les arbres.

Les ours se mettent debout pour regarder autour d'eux quand ils entendent un bruit.

Les ours polaires se mettent aussi debout pour faire semblant de se battre.

Dans une maison, un ours debout se cognerait la tête au plafond.

Les ours se mettent debout pour se frotter le dos aux arbres et nettoyer leur fourrure.

Les ours reniflent les arbres pour savoir si d'autres ours sont venus s'y frotter le dos.

De grands nageurs

Les ours polaires sont de très bons nageurs. Ils peuvent nager pendant des heures sans s'arrêter.

Ils sautent dans l'eau.

Cet ours polaire sort de l'eau pour aller sur la glace.

Il se secoue d'abord comme un chien mouillé.

Puis il se roule dans la neige pour finir de se sécher.

Les ours polaires nagent avec leurs pattes avant et se dirigent avec leurs pattes arrière.

Sous l'eau, les ours polaires retiennent leur respiration pendant deux minutes.

Chaleur et froid

Les ours habitent dans des lieux différents. Certains vivent dans des forêts chaudes, d'autres dans des montagnes froides.

Quelques ours bruns vivent au bord de la mer.

Ils creusent le sable avec leurs griffes pour attraper des crustacés, qu'ils vont manger sur la plage.

L'été, les ours noirs se baignent dans les lacs pour se rafraîchir.

L'ours à lunettes vit dans la forêt tropicale humide.

Les ours passent la journée à dormir, car il fait très chaud.

La nuit, ils se réveillent et partent chercher à manger.

Les jeux

Les oursons aiment s'amuser, mais les adultes également.

Les pandas se balancent aux branches des arbres. Parfois, ils se mettent la tête en bas.

Les pandas montent une côte raide.

Une fois en haut, ils roulent jusqu'en bas.

Puis ils grimpent de nouveau la côte !

Les ours se mettent souvent sur le dos pour jouer avec des morceaux de bois ou des pierres.

Vocabulaire d'ours

Voici la liste de quelques-uns des mots utilisés dans ce livre, avec leur définition. Peut-être ne les connaissais-tu pas.

ourson : bébé ours. Une maman ourse a en général un seul ourson ou deux à la fois.

tanière : lieu où les oursons naissent et où ils vivent quand ils sont tout petits.

fourrure : poils qui recouvrent tout le corps des ours pour leur tenir chaud.

pattes : pieds et mains des ours. Les ours marchent à quatre pattes.

griffes : ongles pointus. Les ours s'en servent pour creuser le sol ou grimper aux arbres.

proie : animal que l'ours attrape pour le manger, comme le phoque.

Sites Web

Si tu as un ordinateur, tu peux chercher sur Internet d'autres informations sur les ours. Sur le site Quicklinks d'Usborne, tu peux déjà te connecter aux trois sites suivants :

Site 1 : Ce site te permet de voir tous les types d'ours en photos et de te renseigner sur chacun d'eux. Il se consacre également à la sauvegarde de l'ours.

Site 2 : Tu découvriras ici des galeries de superbes photos d'ours.

Site 3 : Reste-t-il des ours en France ? Si tu t'intéresses à ce sujet, et à la protection de l'ours, tu peux consulter ce site avec l'aide d'un adulte.

Pour te connecter à ces sites, va sur **www.usborne-quicklinks.com/fr**, clique sur le titre du livre, puis sur le lien du site Web qui t'intéresse. Avant de commencer à utiliser Internet, lis les conseils de sécurité donnés à la fin du livre et demande à un adulte de les consulter avec toi.

Index

Remerciements

Rédactrice en chef : Fiona Watt, Directrice de la maquette : Mary Cartwright

Crédit photographique

Les éditeurs remercient les personnes et organismes suivants pour l'autorisation de reproduire leurs documents : **China Span :** (Keren Su) 4. **Corbis :** Couverture (Dan Guravich), 2-3, 19 (Paul A. Souders), 20 (Gary W. Carter). **FLPA/Minden Pictures :** 7 (Mark Newman), 11 (Tui de Roy). **Getty :** 8 (Eastcott Momatiuk), 23 (Giel), 31 (Wayne R. Bilenduke). **Leeson Photos :** 12 (Tom & Pat Leeson). **Mark Newman :** 9. **Natural History Photographic Agency :** 17 (Andy Rouse). **Northart :** 5, 16, 26-27 (Lynn et Donna Rogers/Bearstudy.org.). **Oxford Scientific Films :** 10 (Tui de Roy), 21, 29 (Daniel J. Cox). **Polarfoto :** 22 (Dr. Hinrich Bäsemann). **Powerstock :** 14 (Bauer). **Team Husar Wildlife Photography :** 1, 13, 28 (Lisa & Mike Husar). **Toledo Zoo :** 25 (Linda S. Milks). Nos remerciements vont aussi à Andi Norman.

Tous les efforts ont été faits pour retrouver et remercier les propriétaires de copyright. L'éditeur s'engage à rectifier toute omission éventuelle, s'il en est informé, dans toutes rééditions à venir.

© 2002 Usborne Publishing Ltd., Usborne House, 83-85 Saffron Hill, Londres EC1N 8RT, Grande-Bretagne.
© 2003 Usborne Publishing Ltd. pour le texte français.
Le nom Usborne et les marques sont des marques déposées d'Usborne Publishing Ltd.
Tous droits réservés. Aucune partie de cet ouvrage ne peut être reproduite, stockée en mémoire d'ordinateur, transmise sous quelque forme ou moyen que ce soit, électronique, mécanique, photocopieur, enregistreur ou autre sans l'accord préalable de l'éditeur. Imprimé en Belgique.